Contando e cantando as coisas da vida

Catalogação na Fonte
Elaborado por: Josefina A. S. Guedes
Bibliotecária CRB 9/870

F383c Ferreira, Berenice
2019   Contando e cantando as coisas da vida / Berenice Ferreira. - 1. ed.- Curitiba: Appris, 2019.
       169 p. ; 21 cm

       Inclui bibliografias
       ISBN 978-85-473-2988-4

       1. Poesia brasileira. I. Título.

                                                       CDD – 869.1

Livro de acordo com a normalização técnica da ABNT

Editora e Livraria Appris Ltda.
Av. Manoel Ribas, 2265 – Mercês
Curitiba/PR – CEP: 80810-002
Tel: (41) 3156 - 4731
www.editoraappris.com.br

Appris
editora

Printed in Brazil
Impresso no Brasil

Berenice Ferreira

Contando e cantando as coisas da vida

Editora Appris Ltda.
1.ª Edição - Copyright© 2019 do autor
Direitos de Edição Reservados à Editora Appris Ltda.

Nenhuma parte desta obra poderá ser utilizada indevidamente, sem estar de acordo com a Lei nº 9.610/98. Se incorreções forem encontradas, serão de exclusiva responsabilidade de seus organizadores. Foi realizado o Depósito Legal na Fundação Biblioteca Nacional, de acordo com as Leis nos 10.994, de 14/12/2004, e 12.192, de 14/01/2010.

FICHA TÉCNICA

EDITORIAL	Augusto V. de A. Coelho
	Marli Caetano
	Sara C. de Andrade Coelho
COMITÊ EDITORIAL	Andréa Barbosa Gouveia (UFPR)
	Jacques de Lima Ferreira (UP)
	Marilda Aparecida Behrens (PUCPR)
	Ana El Achkar (UNIVERSO/RJ)
	Conrado Moreira Mendes (PUC-MG)
	Eliete Correia dos Santos (UEPB)
	Fabiano Santos (UERJ/IESP)
	Francinete Fernandes de Sousa (UEPB)
	Francisco Carlos Duarte (PUCPR)
	Francisco de Assis (Fiam-Faam, SP, Brasil)
	Juliana Reichert Assunção Tonelli (UEL)
	Maria Aparecida Barbosa (USP)
	Maria Helena Zamora (PUC-Rio)
	Maria Margarida de Andrade (Umack)
	Roque Ismael da Costa Güllich (UFFS)
	Toni Reis (UFPR)
	Valdomiro de Oliveira (UFPR)
	Valério Brusamolin (IFPR)
PRODUÇÃO EDITORIAL	Lucas Andrade
ASSISTÊNCIA DE EDIÇÃO	Suzana vd Tempel
DIAGRAMAÇÃO	Andrezza Libel
CAPA	Marina Figueira Lellis
COMUNICAÇÃO	Carlos Eduardo Pereira
	Débora Nazário
	Karla Pipolo Olegário
LIVRARIAS E EVENTOS	Estevão Misael
GERÊNCIA DE FINANÇAS	Selma Maria Fernandes do Valle

Apresentação

Passagens da vida, pedaços de mim. Sentimentos vividos, alegrias cantadas, dores choradas. Lugares idos, reais ou imaginários. Sonhos utópicos. Observações, conclusões. Realidades vitais. Batalhas, nem sempre vencidas. Coisas que me rodeiam. Tudo isso, e muito mais, está aqui escrito, embalado por algumas canções que formaram a trilha sonora destes momentos, e por outras que foram escolhidas por afinidade que têm com o tema apresentado. Assim, conto e canto as coisas da vida.

A autora

*É grande a minha história, nem dá tempo de escrever,
No meio de uma frase qualquer dia eu vou morrer
E as contas que ficarem no meu terço vou rezar,
São versos de um poema que eu nem pude terminar.*

(Banda da Ilusão – Alberto Luiz)

Prefácio

O livro de poesias *Contando e Cantando as Coisas da Vida* da doutora Berenice Ferreira configura-se, em seu íntimo subjetivismo, numa narrativa lírica de indagação filosófica. Compõe-se de versos e cantares que exprimem ora espanto, ora dúvida e, por vezes, revolta, porquanto um aprofundamento, ante os fatos que amiúde nos chocam e nos parecem inexplicáveis neste Mundo que nos cerca. Coisas vividas pela autora, ou apenas por ela presenciadas. A isto incluindo-se a experiência profissional no exercício da Medicina. Dolorosas experiências da existência humana, mas que, paradoxalmente, nos trazem a fé e a esperança! Forças essenciais para vencê-las. Daí que a narração da doutora Berenice permeia-se de amor e espiritualidade, sem o que teríamos neste seu livro uma simples abordagem, em verso, da dúvida existencial. (O que nem de longe parece).

O livro de Berenice é um contar de várias indagações onde íntimos conflitos de ideias e conceitos acabam por se harmonizar numa conclusão romântica. Leitura que nos permite imaginar um emissor lírico que em oportuno emerge de entre o enredo poético e se divide em dois, que invadem a cena passando a interagir.

Um deles demonstra pessimismo, desgosto e incompreensão em relação às coisas observadas. E temos versos assim:

"Tudo tá torcido
Tanta terra, tantos sem teto ..."
(Tensão)
"Viver!
O que será isso?
Para que a gente vive?
Eu queria entender o significado ..."
(Viver! O que é?)

O outro, no entanto, mesmo a questionar, não se desprende do veio romântico. Ergue os olhos para além dos montes e vislumbra no futuro um mundo feliz e justo, de Humanidade renovada:

"*Eu sei por que em um dia,*
Que certamente há de vir,
Haverá só alegria ...
... só felicidade,
Mas não nesse Mundo,
Não nessa Terra."
(Nesse Mundo, nessa Terra)

Esse outro contempla a natureza e se alegra com a renovação da vida. Crê no transcendente. Fala de estrelas! E de uma em particular:

"*... Toda noite ela chega,*
Poderosa, passiva,
Serena como o céu ..."
(Estrela)

Contextualiza-se. Abre janelas para a poesia cantada, encontrando na voz de outros poetas identificações de ideias, indagações e anseios. E daí, a inserção das canções no corpo do livro. Cantares que lhe justificam o título e lhe emprestam precioso recurso de estilo.

Por fim, deste emissor imaginário saído do antagonismo subjetivo, fundo condutor existente na elaboração dos poemas, resulta, curiosamente, as nuances lírico-queixosas que acabam por caracterizar o verso da Professora Berenice. Sem que se desprenda o texto do fundo filosófico e da indagação existencial. Conjugação forma/conteúdo nesta sua romântica coletânea de "contos e cantares".

Confessa a autora ter poesias escritas desde a adolescência. Estas, no livro, misturam-se às produções adultas, que, agora, se encoraja publicar. Suas publicações anteriores, em revistas e coletâneas, referem-se a assuntos relacionados à sua área de trabalho (Medicina e Saúde). Oferta-nos, pois, uma poesia em primeira mão. Uma poesia de inspiração espontânea, ao modo pós-modernista.

Verso livre, digamos assim. Diz ela: "Faço meus versos como me vêm à mente. Como os sinto na hora. Nunca pensei em estilo algum, pois nada sei de arte poética".

Todavia o seu livre versejar não significa versos descuidados. Ao contrário, nota-se em sua poesia uma elaboração criativa na qual se serve igualmente das liberações trazidas pelo modernismo e dos recursos próprios da estética tradicional da poesia. Daí que se empresta da sonoridade das rimas e do ritmo dançante das redondilhas, das construções paralelísticas. Das anáforas e refrãos, e de outras recorrências sonoras de força reiterativa, sempre do uso linguístico-literário. (Do que se fez o verso livre da professora Berenice um verso cantante).

O mesmo se diga em relação à formalização estrófica quando se observa o uso frequente da quadra e da sextilha, estrofes canônicas da poesia popular em língua portuguesa. E notáveis entre nós na poesia de cordel. Por fim, temos no contar e cantar da nossa professora uma poesia de profundas reflexões revestidas de tocante lirismo que assim nos oferece boa e agradável leitura. Seja pelo conteúdo, seja pela forma, imaginação e correção da linguagem. Linguagem que se faz ao tom de um coloquial falar entremeado de intimismos e evocações.

E para fecho da leitura deste livro que nos honra prefaciar faça-se a observação que faltar não poderia. Falamos das reminiscências galaico-portuguesas presentes nas composições da professora Berenice. Estas das quais não fugimos nós porque estão arraigados em nossa poesia. Veja-se, pois, o poema "Esse Rosto" que em tudo se modela como uma correspondente moderna da Cantiga do Amigo, forma poética, das mais autênticas, do trovadorismo português. "Esse Rosto", fazendo jus à sua composição formal, foi musicada pela autora. Veja-se outro exemplo no poema intitulado "Caminho", uma alegoria na qual a viola, vista com aprofundamento, é personificada. Alegórica visão "deste nosso instrumento" em seus míticos e místicos significados. A viola! Instrumento de origem popular que inexplicavelmente tornou-se fetiche: coisa de Deus e obra do demônio. Procedente do mundo árabe chegou ao Brasil nas caravelas de Cabral, já transcontinental e transatlântica. Aqui expandiu-se de norte a sul do País tornando-se o emblema histórico de nossa brasilidade musical. Companheira da História que assim nos acompanha desde a catequese até os nossos dias. "É que a viola fala alto no meu peito humano...", assim nos diz Rolando Boldrin em seu programa Sr. Brasil. E assim nos diz a professora Berenice em sua sensibilidade poética e visão humanística. E assim humaniza a viola neste seu poema feito em quadras encadeadas, bem ao estilo do cancioneiro luso-brasileiro, de forma a sugerir uma melodia. Sabendo-se ser a quadra e a modinha companheiras inseparáveis da viola, o que se explica na própria índole poética galaico-portuguesa. E assim se encontra nesta síntese alegórica formalizada no poema Caminho. Caminho que é viola, viola que é caminho, conjuntamente personificados.

Posto o que, encerramos ao som da viola esta nossa apreciação do belíssimo *Contando e cantando as coisas da vida*, da professora Berenice.

Parabéns, poetisa! Parabéns e muito êxito nesta sua estreia. Aguardamos outros cantares.

Campina Grande, 14 de setembro de 2018.

Zilma Ferreira Pinto

Sumário

Eu 17
Transformação 18
Só se... 20
Caminho torto. 22
Folhas brancas. 24
Lápis e papel. 26
Pontos de partida. 28
Paisagem. 30
Tocando em frente ♩ ♪♩♫♩ 32

A vida 35
Viver! O que é? 36
A vida. 38
Nesse Mundo, nessa Terra. 40
Tensão. 43
Maré. 44
Presente e futuro 46
Ela – a misteriosa. 47
Ai de todos nós 49
Vida 51

O amor 53
Amor 54
I need to be in love ♩ ♪♩♫♩ 55
Eu preciso estar apaixonada (tradução) 57
Bioheartgrafia 58
Terezinha ♩ ♪♩♫♩ 60
Esse rosto ♩ ♪♩♫♩ 62

Busca 64
Nosso amor 65
Como um dia de domingo ♩♪♫♪ 66
Grande amor 68
Esse amor 70
A saga de um amor 71
Aliança 74
Contigo aprendi ♩♪♫♪ 76
Amei 78

Outros sentimentos 81
Desejos 82
Saudade 84
Separação 85
Fico assim sem você ♩♪♫♪ 86
Ansiedade 88
Fonte de emoção 90
Desilusão 92
O tudo e o nada 94
Dores 96

A natureza 97
Mar vida 98
Estrela 100
Contemplação 101
Magia 102
Felina 104
O animal e o homem 106

Os lugares 109
Utopia 110
Conhecendo 111
Paraíso 113

As pessoas ... 117

Tu ... 118
Criança ... 119
Ser humano ... 120
Esses homens ... 122
Mainha ... 124
Amor em "R" ... 126
Luz da vida ... 128
Ave mãe ... 130

O trabalho/As lutas ... 133

Caminho ... 134
A dança da fome ... 136
Luta ... 138
Apesar de você ♩ ♪♫♪ ... 139
Vitória ... 142
Difícil jornada ... 143
Saúde da família em canto ♩ ♪♫♪ ... 145

A espiritualidade ... 149

O consolador ... 151
Jesus Cristo ... 150
Anjos ♩ ♪♫♪ ... 154
Anjo da guarda ... 155
Razões ... 156

Miscelâneas da vida ... 159

Se eu tocasse violão ... 160
Perseguidora ... 162
Relógio ♩ ♪♫♪ ... 164
Feliz Aniversário ... 165
Magia do retrato ... 166
O melhor ... 168

Eu

> "*Eu canto porque o instante existe
> e a minha vida está completa.
> Não sou alegre nem sou triste:
> sou poeta.*"
>
> (Motivo – Cecília Meireles)

Transformação

Quantas crises já passei:
De existência, de amor, de tristeza.
Quantas vezes já pensei:
Em mudar, em morrer, em parar.
Quanto tempo me afoguei:
Em mágoas, silêncio, lamentos.

Tanto tempo procurei:
Respostas, conforto, razão.
Tantas vezes me encontrei:
A chorar, refletir, perguntar.
Tantas horas me perdi:
Em dúvidas, rancores, lembranças.

Pouco ou nada mais restou:
Do medo, da incerteza, da escuridão.
Pouca ou nada mais sobrou:
Da apreensão, desilusão, piedade.
Pouco ou nunca mais estou:
Insatisfeita, pessimista, desanimada.

Hoje me encontro a cantar:
Feliz, confiante, segura.
Hoje vivo a esperar:
O meu lar, meu amor, meu bebê.
Hoje rio ao relembrar:
Você, nós dois, nossas horas.

Agora me encontro em paz:
Com Deus, comigo, com o mundo.
Agora meus olhos sempre veem:
O sol, as flores, os azuis.
Agora meu coração só sente:
Amor, alegria, compreensão.
Todo dia é pra mim
Um nascer pra nova vida.
Toda noite sempre é
Adormecer pra um melhor despertar.
Toda lágrima não passa
De um começo para um claro sorriso.

"Eu não estou interessado em nenhuma teoria,
Em nenhuma fantasia, nem no algo mais
A minha alucinação é suportar o dia-a-dia
E meu delírio é a experiência com coisas reais."

"Amar e mudar as coisas me interessa mais."

(ALUCINAÇÃO – Belchior)

Só se...

Só triste, sem tristeza.
Só alegria, sem certeza.
Só tristeza, sem rancor.
Só feliz, sem amor.

Se triste sou, cadê a lágrima minha?
Se alegre sou, felicidade onde caminha?
Se há lágrima, o pranto não explode.
Se há felicidade, pelos dedos escorre.

Só triste sou, sou só triste.
Só feliz já fui, felicidade existe.
Só existiu em mim uma única vez
Só louco, uma só talvez.

Se louco sou, qual a loucura?
Se já fui, por que a procura?
Se lá encontrei, devo por lá ficar.
Se cá não achei, por que aqui estar?

Só você pra me curar,
Só você minha doença.
Só eu a me infernizar,
Só eu com minha crença.

Se quero para longe ir,
Se não posso aqui ficar.
Se tenho que descobrir,
Se preciso caminhar.

Só o tempo me dirá
Se o que penso é verdadeiro.
Só o final apontará
Se estou certa por inteiro.

"Jogo poeira nos olhos
Que é pra me aventurar
Caminhei muitas léguas
Sem lei e nem tréguas
Que possa lembrar"

(Poeira nos Olhos – João Neto/Vicente Barreto)

Caminho torto

Ouço dizer, no popular,
Que tudo que começa finda.
E já ouvi de boca falar,
Mas não vi na vida ainda.

Se há meta a ser alcançada
E tudo um objetivo tem.
Por que estou tão cansada
E nenhum alento vem?

Ando a dar voltas, rodeando.
Faço as coisas sem gostar
E sempre me perguntando
Aonde a razão disso encontrar.

Vivo em rodeios, sem retas.
Faço as coisas sem pensar,
Não tenho planos nem metas
E não sei aonde chegar.

Medicina eu estudei,
Médica não sou agora.
Até já lecionei,
Mas a educação não melhora.
Gosto de música e nada toco.

Faço rima sem encantar.
Tive filhos, mãe não sou.
Sou espírita, sem louvor.

Canto sem estar nos palcos.
Danço, sem música ouvir.
Clamo sem rebeldia.
Curo? Ninguém está são.
Rio e não sou alegre.
Choro sem tristeza ter.
Corro, não saio do canto.
Navego em terras firmes
E chego a lugar nenhum.
Amo os bichos e não os tenho.
Gosto de flores, nem sei plantar.
E os frutos, mal os saboreio.
Amizade? Sem amigo ter?
Sou livre, estando aqui presa.

Na estrada onde caminho
Tem bancos pra não sentar,
Árvores sem sombrear,
Fontes que não jorram.

Para tantos desencontros,
Contrassensos e contramão,

Haja dor e paciência
E dureza de coração.

Na tortuosidade do caminho,
Ao ouvir este gritar,
Escondo-me em meu ninho
E finjo não o escutar.

"Longe se vai sonhando demais
Mas onde se chega assim
Vou descobrir o que me faz sentir
Eu, caçador de mim"

(Caçador de Mim – Sérgio Magrão e Luiz Carlos Sá)

Folhas brancas

Há muito que não escrevo,
Nem lembro a última vez
Que meus dedos guiados
Por forças desconhecidas
Pegaram mais uma vez no lápis
E preencheram ininterruptamente
Folhas brancas como algodão
E em poucos instantes
Aquele papel outrora inexpressivo
Era portador de verdades,
Sonhos, risos e lágrimas.

Há muito que não escrevo,
Nem lembro a última vez
Que minha mente guiada pelo "alto"
Se enchia de ideias, pensamentos mil
Que precisavam ser postos numa folha
E em poucos instantes
Aquele papel outrora emudecido
Podia dizer tantas palavras
Utópicas, alegres ou penosas.

Há muito que não escrevo,
Nem lembro a última vez
Que meus olhos, ao buscar nos ares

A luz para iluminar a escuridão
E coordenar os pensamentos,
Via, em poucos instantes,
Tudo ser arrumado em linhas
Que enchiam um papel
Que outrora tão insignificante
Era então o abrigo
De ilusões, planos e desejos.

Há muito que não escrevo,
Nem lembro a última vez
Que meus pés me levaram ao além,
Um lugar que me mostrava letras,
Letras que formando palavras
Em poucos instantes
Cobriam a brancura da folha
Que outrora tão vazia
Era agora a morada
De tanto amor, alegria e paz.

Tanto tempo sem escrever
E agora aqui estou,
Lápis na mão, folha na mesa
E repentinamente a poesia se forma
Fluindo qual um rio,
Chegando como sol no dia,
E a folha outrora inerte
É agora só vida, emoção,
Dona da minha ânsia,
Da liberdade, da esperança
De poder transformar o papel em vida.

Lápis e papel

Papel amigo
Há quanto tempo não deito minhas mágoas
Em tua relva branca,
Há quanto tempo não enxugo minhas lágrimas
Na maciez de teu lençol.
Será que não tive mágoas?
Será que não mais chorei?

Amiga folha
Há quanto tempo não discorro meus problemas
Na retidão de tuas linhas,
Há quanto tempo não relato minhas dúvidas
Nas tuas marcas horizontais.
Será que não tive problemas?
Será que de tudo já sei?

Amigo lápis
Há quanto tempo não expresso meus temores
Em tua forte tinta,
Há quanto tempo não espalho minhas dores
Em teu lindo tom azul.
Será que nada temi?
Será que dores não senti?

Hoje usei as páginas brancas
Do meu livro engavetado.
Hoje peguei o lápis
Já há tempos recusado.
Será que estou triste?
Será que com medo estou?
Ou será que problema existe?

Meu coração é um alazão passarinheiro
Sem freio, nem ferradura
Riscando o casco no vento
Só por paixão ele galopa assim ligeiro
Pois empaca que nem mula
Diante do sofrimento

(Passarinheiro – J. Garfunkel/Pratinha)

Pontos de partida

Pra parar de pensar
Para não pirar por aí
Pra poder pular os poços profundos
Pra não presenciar podres paisagens
Para poupar passos pesados
Para não provocar piores pesares
Para por pra cima pequenos pontos
Para não participar de planos prontos
Pra poder prosseguir plenamente
Para não proceder tão pobremente
Para não perpetuar parcas propostas
Para poder pisar em praias plenas
Para não me precipitar por pontes
Para não projetar padrões passados
Para presentear-me com pratos picantes
Para poder passar por pretas portas
Para não perseguir pegadas piegas
Para não procurar planetas pairantes
Para não prolongar peças perenes
Para me permitir possíveis paixões
Para poder pensar que posso prosseguir
Por entre palhaços, panos e paredes,
Penso que preciso parar de pensar,
Proceder e padecer como principiante.

*"Eu estou muito cansado
Do peso da minha cabeça
Desses dez anos passados (presentes)
Vividos entre o sonho e o som"*

(Todo Sujo de Batom – Belchior)

Paisagem

Quantas estradas andei,
Quanto tempo vaguei por aí
Procurando o meu canto,
Perseguindo a calmaria,
Um lago de águas claras,
Uma casa azul com jardim
E rosas, muitas rosas.

Quanto tempo pensei,
Quantas horas a sonhar
À sombra de árvore frondosa,
Saboreando o fruto que dela vem,
Cercada por animais,
Pássaros a cantar
E flores, muitas flores.

Quanta coisa já vivi,
Quantas vezes pressenti
Um olhar a me seguir,
Alguém a mim chegando,
Completando a bela paisagem
Em terras não conhecidas
E verde, muito verde.

Quantas vezes adormeci,
Quanto tempo se passou
E dois a caminhar
Nas pedras e cachoeiras,
Brincando infantilmente,
Mirando a lua, estrelas e sol
E música, muita música

Quantos dias de espera,
Quantas vezes a ficar
Pensando que sonhando estou,
A sonhar que verdade é.
Se for sonho não me acorde,
Se realidade for,
Não me deixe dormir.

Tocando em frente

Almir Sater e Renato Teixeira

Ando devagar porque já tive pressa
E levo esse sorriso
Porque já chorei demais
Hoje me sinto mais forte
Mais feliz quem sabe eu só levo a certeza
De que muito pouco eu sei
Eu nada sei

Conhecer as manhas e as manhãs
O sabor das massas e das maçãs
É preciso amor pra poder pulsar
É preciso paz pra poder sorrir
E é preciso a chuva para florir

Penso que cumprir a vida seja simplesmente
Compreender a marcha e ir tocando em frente.
Como um velho boiadeiro levando a boiada,
Eu vou tocando os dias pela longa estrada, eu vou,
Estrada eu sou.

Conhecer as manhas e as manhãs
O sabor das massas e das maçãs
É preciso amor para poder pulsar
É preciso paz pra poder sorrir
E é preciso a chuva para florir

Todo mundo ama um dia
Todo mundo chora, um dia a gente chega
No outro vai embora
Cada um de nós compõe a sua história
E cada ser em si carrega o dom de ser capaz
De ser feliz...

Conhecer as manhas e as manhãs
O sabor das massas e das maçãs.
É preciso amor pra poder pulsar
É preciso paz pra poder sorrir
E é preciso chuva para florir.

        Copyright: Peermusic do Brasil Edições Musicais Ltda

A vida

"Quem já passou por esta vida e não viveu
Pode ser mais, mas sabe menos do que eu
Porque a vida só se dá pra quem se deu
Pra quem amou, pra quem chorou,
pra quem sofreu".

(Como dizia o poeta – Vinícius de Moraes)

Viver! O que é?

Viver!
O que será isso?
Para que a gente vive?
Eu queria entender o significado.
Será que nós estamos vivendo
Ou ainda vamos viver?
Viver é viver
Ou será que é morrer?
Viver é estar na Terra
Ou é estar no céu?
Céu é em cima da Terra
Ou é a Terra que está abaixo do Céu?
A vida começa quando nascemos
Ou é quando morremos?
Viver é andar, correr, pular, dançar
Ou é rezar, meditar, sofrer, chorar?
Trabalhar, lutar, brigar pode ser vida,
Mas descansar, cantar, sorrir pode também ser.
Ah! Viver é ajudar, compreender, amar,
Cultivar, criar, ensinar também.
Enfrentar, discutir, insuflar é viver,
Ou será renunciar, fugir, aceitar?
Eu acho que viver não é nada disso,
Ou será tudo isso?

E a vida? E a vida o que é, diga lá, meu irmão?
Ela é a batida de um coração?
Ela é uma doce ilusão?
Mas e a vida? Ela é maravilha ou é sofrimento?
Ela é alegria ou lamento?
O que é? O que é, meu irmão?

(O que é, o que é – Gonzaguinha)

A vida

Conversando com a vida,
Perguntei-lhe certo dia:
O que devo de ti esperar?
Porque até agora
Nada de bom pude ver.
Vejo homens matando e morrendo,
Vejo gente perdida, a correr,
Vejo crianças chorando, querendo comer.
Olho para um lado e vejo escravidão,
Olho para o outro e não vejo libertação.
Ando numa favela e não encontro alegria,
Ando nos palácios onde só a tristeza gloria.
Entro numa casa e escuto discussão,
Saio para rua e não percebo união.
Vou a um trabalho e não sinto realização,
Vou a uma festa e não observo satisfação.
Paro numa igreja e vejo faces sofridas,
Ando pelas praias e vejo almas perdidas.
Vou até uma escola e não encontro estudante,
Só vejo gente lutando para ser o mais brilhante.
Chego a um hospital e nada de doutores,
Só homens desinformados querendo da vida louvores.
Faço um passeio no campo e frutos não como mais,
Agora estou na cidade e do verde não há sinais.
Sento em um banco e ninguém pra conversar,
Estão sempre apressados e não podem ali ficar.

Eu só queria saber aonde vamos parar.
A vida não me deu a resposta assim de pronto,
Assim como eu bem queria na minha aflição.
Apenas indicou os passos para o caminho acertar,
Dando-me a receita em busca do bem viver:
Paciência, compreensão, tolerância e gratidão.

"Quem espera que a vida
Seja feita de ilusão
Pode até ficar maluco
Ou morrer na solidão."

(É Preciso Saber Viver – Roberto e Erasmo Carlos)

Nesse Mundo, nessa Terra

Eu não sei por que nessa vida
Tanta coisa acontece
Tão rápido que nem fica
O fato que antecede

São olhos que se cruzam
São músicas solfejadas
São pensamentos que perturbam
São palavras murmuradas

Eu não sei por que nesse mundo
Nada tende a durar
Ou vão para os mares profundos
Ou se perdem pelo ar

São esboços de amores
São sentimentos leais
São desejos, sabores
São pares, casais.

Eu não sei por que nesses dias
Não há tanta emoção
Há muita soma, quantias
A voz seca da razão.

São homens que se vendem
São tantos a roubar
São bocas que tanto mentem
São muitos a enganar

Eu não sei por que nessa Terra
Criada por um só Deus
Não é Sua lei que impera
Há muitos que são ateus

São tantas almas perdidas
São muitos na escuridão
São sementes não floridas
São espinhos pelo chão.

Eu sei por que em um dia
Que certamente há de vir
Haverá só alegria
Ver-se-á faces a sorrir
Será só amizade
Será amor, paz eterna,
Será só felicidade
Mas não nesse mundo
Não nessa Terra.

*"Anda, quero te dizer nenhum segredo
Falo desse chão da nossa casa, vem que tá na hora de arrumar
Tempo, quero viver mais duzentos anos
Quero não ferir meu semelhante, nem por isso quero me ferir."*

(O Sal Da Terra – Beto Guedes & Ronaldo Bastos)

Tensão

A Terra treme com tudo que tem,
Tanto tremor, teme.
Tudo tá torcido.
Tanta terra, tantos sem teto,
Tantos tolos a tentar
Tocar o tom há tanto tempo
Torcendo pra tudo tornar.
Tentação tem e é tanta,
Tentando a todos tapear.
Tem tudo em tantas telas,
Tecendo teias pra te tocar.
Tempestade em todo tempo,
Taxas, tarifas, teclados.
Tantos tontos a tombar.
Tudo em torno titubeia,
Tramando de todos tudo tirar.
Tamanha tragédia é tortura,
Também tédio e tirania.
Trocando o terço pela toga,
Terão de todos o tudo,
O tudo que traçaram tomar.

Maré

Quando algo mau acontece,
Fico logo a pensar:
Se viver é isso mesmo,
Se viemos pra chorar.

Mas se algo bom vivencio,
Encontro-me a imaginar:
Que beleza, que alegria,
Pondo-me feliz a cantar.

Mas depois vem uma fase
Onde só o ruim aparece:
É tristeza, é rancor,
Que o coração desfalece

Em seguida brilha o sol
E a lua se torna cheia,
Tanta festa, muito riso,
Que a tristeza fica feia.

Mas um vento muito forte
Leva tudo num instante,
Deixa choro, pouco gozo
E uma solidão gigante.

E assim a vida passa
Entre cinzas e carnaval,
Entre fogo e fumaça.
Sexta Santa e Natal.

*Tudo que se vê não é
Igual ao que a gente
Viu há um segundo
Tudo muda o tempo todo no mundo"*

(Como Uma Onda – Lulu Santos/Nelson Motta)

Presente e futuro

Vida!
De gente sofrida, deprimida,
Querendo a todo custo uma vida
Para ser bem vivida,
Sem toda essa correria, comprida,
Que não leva à boa vida,
Sem dívida,
Sem dúvida a ser resolvida,
Sem lágrima a ser vertida,
Sem regra pra ser mantida,
Sem lei pra ser cumprida,
Sem palavra para ser contida,
Sem história distorcida,
Sem moda a ser seguida.

Vida!
De gente feliz, a cantar,
De terra com frutos a brotar,
De aves não abatidas,
Livres no céu a voar.
Toda vontade sentida
Não mais reprimida
E a vida sendo realmente vivida.
Com gosto, com vida.

Ela – a misteriosa

Misteriosa, bela mulher,
Poderosa força sem par,
Temida, inesperada,
Sempre a rondar, incansável.

Feminina e forte,
Acompanha a vida de todos
Perseguindo desde o nascer
Pegando aqueles desprevenidos.

Fera selvagem,
Sempre a caçar,
Às vezes mansa, vagarosamente,
Às vezes bruta, rapidamente.

Animal traiçoeiro,
Presente onde menos se espera,
Atinge os que achamos inocentes,
Poupa os chamados maus.

Não há quem a queira,
Só os desesperados a buscam
Num momento de angústia,
Quando nada têm a perder.

Mas eu a desejo,
A espero calmamente,
Sei que trará a paz que busco,
O paraíso que aqui não vejo.

Não a temo como tantos,
Que acham que é o fim,
Penso que é a viagem
Para uma nova dimensão.

Ai de todos nós

Ai de mim que ainda estou aqui
Ai de mim que inda sinto dor
Ai de mim que não aprendi
Ai de mim que ainda peço amor

Ai de nós que nesse mundo vive
Ai de nós que corre para chegar
Ai de nós que sempre quer ser livre
Ai de nós que ainda não sabe amar

Ai de tu que ora me maltrata
Ai de tu que sozinha me deixou
Ai de tu que ora me faz falta
Ai de tu que antes me amou

Ai de vós que deixa o outro triste
Ai de vós que vive a penar
Ai de vós que põe o dedo em riste
Ai de vós que gosta sem amar

Ai dele que se enrijece
Ai dela que tenta ele imitar
Ai dele que só se embrutece
Ai dela que não quer mais amar

Ai deles que às vezes choram
Ai deles que não permitem chorar
Ai deles que pela vida passam
Ai deles que não sabem mais amar

"Mas quem sofre sempre tem que procurar
Pelo menos vir a achar
Razão para viver."

(Azul da Cor do Mar – Tim Maia)

Vida

Essa vida de grandes bordados,
Linhas partidas, panos dobrados,
Doces lembranças, fatos passados,
Pessoas queridas, entes amados.

Essa vida de frutos plantados,
Revolvendo a terra, guiando arados,
Amizades antigas, sentimentos guardados,
Paixões recolhidas, amores velados.

Oh! Doce vida. Esterno encontrar.
Procura contínua, intenso buscar,
Nos leva a loucura, nos põe a sonhar.

Ah! Triste vida. Imensa agonia.
Tamanho anseio é pura ironia,
A mente vagueia, faz a alma vadia.

O amor

"Amor, meu grande amor
Não chegue na hora marcada
Assim como as canções,
Como as paixões e as palavras."

(Amor, meu grande amor – Ângela Rô Rô/Ana Terra)

Amor

Esse sentir maior,
Razão de nossa existência,
Pelo qual todos buscam.
Essa coisa gostosa,
Que nos faz grande e menino,
A voar por entre as nuvens,
Vendo tudo lindo, maravilhoso.
Essa palavra pequena,
Tão impropriamente usada
Para cometer atos tão vis.
Sentimento que preciso ter
Para sentir o meu pulsar.
Substantivo que deve estar
Em toda frase escrito
E marcar cada gesto, ação.
É o que desejo,
É o que busco,
Necessito.

I need to be in love

R. Carpenter/J. Bettis/A. Hammond

The hardest thing I've ever done is keep believing
There's someone in this crazy world for me
The way that people come and go through temporary lives
My chance could come and I might never know.

I used to say no promises,
Let's keep it simple
But freedom only helps you say goodbye
It took a while for me to learn that nothing comes for free
The price I've paid is high enough for me

I know I need to be in love,
I know I've wasted too much time.
I know I ask perfection of a quite imperfect world
And fool enough to think that's what I'll find

So here I am with pockets full of good intentions
But none of them will comfort me tonight
I'm wide awake at four a.m. without a friend in sight
Hanging on a hoop, but I'm all right

I know I need to be in love,
I know I've wasted too much time.
I know I ask perfection of a quite imperfect world
And fool enough to think that's what I'll find

    Copyright: SM Publishing (Brasil) Edições Musicais Ltda

Eu preciso estar apaixonada

(Tradução)

A coisa mais difícil que tenho feito é continuar acreditando
Que existe alguém para mim neste mundo louco
O jeito como as pessoas vêm e vão, em vidas tão passageiras,
Minha oportunidade poderia surgir e eu talvez nem soubesse

Eu costumava dizer: "sem promessas"
Vamos manter tudo bem simples,
Mas a liberdade só lhe ajuda a dizer adeus
Demorou para que eu aprendesse que nada é de graça
O preço que tenho pago é muito alt0 para mim

Sei que preciso estar apaixonada
Sei que desperdicei tempo demais
Sei que exijo perfeição de um mundo totalmente imperfeito
E que sou tola o bastante para achar que é o que encontrarei

Portanto, aqui estou com os bolsos cheios de boas intenções
Mas nenhuma delas vai me consolar esta noite
Estou acordada, às quatro da manhã, sem um amigo por perto
Estou sozinha, mas estou bem

Sei que preciso estar apaixonada
Sei que desperdicei tempo demais
Sei que exijo perfeição de um mundo totalmente imperfeito
E que sou tola o bastante para pensar que é o que encontrarei

Bioheartgrafia

Mãos se encontrando,
Alguém esperando
Para um longo caminhar.
Risos inocentes,
Prantos dementes
Sem explicação.
A cabeça pensando,
O coração apertando
E nada a fazer.
É amor?

Olhos se encontrando,
Bocas falando,
Música no ar.
A vontade gritando,
De vê-lo chegando,
Rosa a brotar.
Alguém partindo,
O riso sumindo,
Como aguentar?
Alguém voltando,
Dois se abraçando,
Alegria a voltar.
Um dia vindo,
Outro dia indo
E um a chorar.

Um dia vindo,
Noutro dia indo,
Até que foi sem mais voltar.
É amor?

Corpos se encontrando,
Gestos falando,
Amigo e namorado.
A família gostando,
De casamento falando,
E ele apaixonado.
Ela pensando
E às vezes chorando,
Está tudo enquadrado.
Ela mudando,
No fundo gostando,
Tudo normalizado.
O desejo chegando,
O sonho abafando,
Tudo encaminhado.
É amor?

Terezinha

Chico Buarque

O primeiro me chegou
Como quem vem do florista
Trouxe um bicho de pelúcia
Trouxe um broche de ametista
Me contou suas viagens
E as vantagens que ele tinha
Me mostrou o seu relógio
Me chamava de rainha
Me encontrou tão desarmada
Que tocou meu coração
Mas não me negava nada
E, assustada, eu disse não

O segundo me chegou
Como quem chega do bar
Trouxe um litro de aguardente
Tão amarga de tragar
Indagou o meu passado
E cheirou minha comida
Vasculhou minha gaveta
Me chamava de perdida
Me encontrou tão desarmada
Que arranhou meu coração
Mas não me entregava nada
E, assustada, eu disse não

O terceiro me chegou
Como quem chega do nada
Ele não me trouxe nada
Também nada perguntou
Mal sei como ele se chama
Mas entendo o que ele quer
Se deitou na minha cama
E me chama de mulher
Foi chegando sorrateiro
E antes que eu dissesse não
Se instalou feito um posseiro
Dentro do meu coração.

Copyright: Marola Edições Musicais Ltda

Esse rosto

Esse rosto a me seguir
Esse rosto a procurar
Onde anda esse rosto
O rosto que me faz chorar
Que me faz vagar no mundo
Num mundo de tantos rostos
Buscando aquele rosto
Que nunca me esqueci
O rosto que me tortura
O rosto que me faz ficar
Esperando ver o rosto
O rosto que me faz sonhar
Com o rosto que beijei
O rosto que muito olhei
O rosto que nem se lembra
Do rosto que tanto lhe amou

Esse Rosto

Berenice

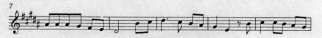

Esse rosto a me seguir Esse rosto a procurar Onde anda esse rosto o rosto que me faz chorar Que me faz vagar no mundo num mundo de ta'tos rostos buscando aquele rosto que nunca me esqueci o rosto que me tortura o rosto que me faz ficar esperando ver o rosto o rosto que me faz sonhar qual o rosto que beijei o rosto que muito olhei o rosto que nem se lembra do rosto que muito lhe amou.

Busca

Dois olhos miram dois olhos
Que olham para os olhos
E não conseguem fita-los.
Uma boca pensa num beijo
Que a outra boca não pode lhe dar.
Dois ouvidos ouvem canções
Que outros ouvidos não vão escutar.
Um corpo vaga no mundo
Aguardando outro corpo tocar.

Duas mãos procuram as mãos
Que procuram as mãos
Que estão a procura-las.
Dois braços buscam com afã
Os braços que estão a busca-los.
Um coração bate apressado
E outro coração acelera também.
Duas almas sonham na terra
O grande encontro no além.

Nosso amor

Amor do passado
Amor do presente
Amor tão lembrado
Amor de repente

Amor adormecido
Amor despertado
Amor tão querido
Amor bem amado

Amor inocente
Amor infantil
Amor tão carente
Amor tão sutil

Amor tão antigo
Amor irreal
Amor tão amigo
Amor tão leal

Amor sem olhar
Amor sem sentir
Amor sem tocar
Amor sem pedir

Amor, que desejo!
Amor, que vontade!
Amor, de um beijo
Amor, de verdade

Amor, eu te quero
Amor, eu te chamo
Amor, eu te espero
Amor, eu te amo

Como um dia de domingo

Sullivam-Massadas

Eu preciso te falar,
Te encontrar de qualquer jeito
Pra sentar e conversar,
Depois andar de encontro ao vento.

Eu preciso respirar
O mesmo ar que te rodeia,
E na pele quero ter
O mesmo sol que te bronzeia,
Eu preciso te tocar
E outra vez te ver sorrindo,
E voltar num sonho lindo
Já não dá mais pra viver
Um sentimento sem sentido,
Eu preciso descobrir
A emoção de estar contigo,
Ver o sol amanhecer,
E ver a vida acontecer
Como um dia de domingo.

Faz de conta que ainda é cedo,
Tudo vai ficar por conta da emoção
Faz de conta que ainda é cedo,
E deixar falar a voz do coração.

                Copyright: Edições Musicais Tapajós Ltda

Grande amor

O que sinto hoje no peito
Que me deixa desse jeito
Que me faz sem ar ficar

É algo assim tão forte
Que abrange o sul e o norte
Do meu corpo a pulsar

O que ocorre comigo
É bem novo e antigo
Vive a se renovar

Quando penso que passou
Vejo que ainda restou
Dentro de mim a queimar

A semente de um amor
Que me pede com clamor
Para lhe cultivar

É amor forte, é paixão
Que brota no meu coração
E me faz desejar

Nosso encontro, nossa vida
Viver com a pessoa querida
Para juntos caminhar

Mas se não acontecer
Irei compreender
E seguirei a esperar

Esse amor que é tão grande
Nos faz forte, gigante,
Prontos pra o concretizar.

Esse amor

Esse amor a me queimar
Vivo por tanto amar

Esse amor a me enlouquecer
Morro de tanto querer

Esse amor a me conduzir
Vivo por tanto sentir

Esse amor a me compor
Morro de tanta dor

Esse amor que sinto por você
Mata-me e me faz viver
É meu norte, é meu sul
O branco, o preto e o azul.

A saga de um amor

Amor de menina, amor de mulher,
Nascido nas verdes campinas,
Trazido nas minhas rimas,
Atravessando as estações.

Amor primeiro, amor eterno,
Desabrochando na inocência,
Findando sem paciência,
Guardado nos corações.

Amor inocente, amor natural,
Surgido sem malícias,
Nutrido com leves carícias,
Aprofundando as emoções.

Amor maduro, amor consciente,
Ressurgido do fundo da alma,
Revivido com ânsia, sem calma,
Trazendo à tona as paixões.

Amor velado, amor escondido,
Tentando a vida começar,
Fugindo para não lembrar,
Esquecendo as confusões.

Amor imenso, amor infinito,
Reativa a cicatriz,
Risca a pele com um giz,
Cantando suas canções.

Amor sem fim, amor verdadeiro,
À espera de um sinal,
Que conduza ao feliz final,
Confirmando as previsões.

Amor teimoso, amor devaneio,
No meu peito a queimar,
Deixando-me no leito a rolar,
Levando a divagações.

Amor forte, amor esperança,
Aguardando o seu momento,
Na Terra ou firmamento,
Em outras reencarnações.

Amor real, amor utópico,
Vivendo de sonhos, fatos vividos,
Dias alegres, tempos sofridos,
De cartas, falas, ligações.

Amor ânsia, amor agonia,
Fruto de maravilhosos dias,
De momentos, fantasias,
Alimentando ilusões.

Amor futuro, amor resistência,
Guardando em si doces matizes,
Fincando-se em fortes raízes,
Enfrentando chuvas, verões.

Amor querido, amor sagrado,
Mais do que ontem te quero,
Ainda e sempre te espero,
Sem saber por quais razões.

Amor menino, amor meu homem,
Quisera fosse o único a ser,
Evitando assim ter que sofrer,
Amargas desilusões.

Amor de mãe, amor frustrado,
Por não ter concebido,
Teus filhos não ter parido,
Descumprindo as missões.

Amor companheiro, amor amigo,
Tanto tempo de saudade,
É triste e até maldade,
Conter assim as sensações.

Amor último e derradeiro,
Da partida e da chegada,
Acompanha toda a jornada,
Livrando-se das tentações.

Amor distante, amor incerto,
Tenho só a esperança,
Que me tenha na lembrança,
Guardando as recordações.

Aliança

Na alegria ou na tristeza,
Meu amor tenha certeza,
Contigo quero estar.

Sua lágrima, seu pranto,
Toda dor, desencanto,
Quero de você afastar.

As amarguras do peito,
Mesmo seu maior defeito,
Saberei como lidar.

Pois hoje o que mais quero,
O que da vida espero,
É com você partilhar.

Cada hora, todo instante,
Seja perto ou mais distante,
Sob o sol ou o luar.

Firmo contigo esta aliança,
Nem precisa de fiança,
Para se concretizar.

Pois o meu compromisso
É que não tenha sumiço
O que vejo em seu olhar.

Sendo a única verdade
Que me traz felicidade
E me leva a pensar.

Que mesmo a vida findando
E um de nós se afastando,
Depois juntos vamos estar.

Sendo nosso amor eterno,
O horizonte está aberto
Para a gente se encontrar.

Contigo aprendi

Armando Manzanero
Versão: Nazareno de Brito

Contigo aprendi
Que existem novas
E melhores emoções...
Contigo aprendi
A conhecer um mundo novo
De ilusões
Aprendi...
Que a semana já tem mais
De sete dias
Fazer maiores minhas
Poucas alegrias
E a ser alegre
Eu contigo aprendi...

Contigo aprendi
Que existe luz na noite
Mais escura
Contigo aprendi
Que em tudo existe um pouco
De ternura
Aprendi...que pode um beijo
Ser mais doce e mais profundo
Que posso ir-me amanhã mesmo deste mundo

As coisas boas, eu contigo já vivi
E contigo aprendi, que eu nasci
No dia em que te conheci...

Copyright: Peermusic do Brasil Edições Musicais Ltda

Amei

Amei.
De forma intensa,
Serena e ardente.
Amor nascido do encontro de nosso olhar.
Crescendo na afinidade de nossas almas.
Aprofundando-se no encontro de nossos corpos.
Ampliando-se na luz de nossos sorrisos.

Amei.
De forma ímpar,
Única e eterna.
Amor fluindo nos versos das noites urbanas.
Sedimentado nas belas manhãs do depois.
Embriagando-se das imagens das horas vividas
Fortalecendo-se na saudade dos momentos ausentes.

Amei.
De forma singular,
Pura e simples.
Amor alimentado pela certeza de para sempre ser.
Gerando sonhos e projetos de uma vida a dois.
Trilhando caminhos nunca dantes percorridos.
Mirando-se nos reflexos dos desejos conjuntos.

Amei.
De forma abrupta,
Repentina e perene.
Amor a invadir, preenchendo o vazio existente.
Apagando a incerteza de um dia não senti-lo.
Afastando a sombra de tristeza em meu olhar.
Abrindo em minha face o riso dos felizes.

Amei.
Sem fórmulas,
Contas ou razão.
Amor sem métricas, com rimas.
Medido pelos sentidos, pelo querer.
Inspirando-se em sons, cores e perfumes.
Regando-se nos fluidos do prazer supremo.

Amei.
Sem toques,
Palavras ou acenos.
Amor sem amor, na solidão.
Cantando os versos cantados.
Lembrando os tempos passados.
Amando não mais sendo amada.

Outros sentimentos

*"Felicidade foi embora
E a saudade no meu peito
Ainda mora"*

(Felicidade – Lupicínio Rodrigues)

Desejos

Quero vida, vida boa,
Para mim e os demais.
Na vida boa o tempo voa
E o bem vem muito mais.

Quero só felicidade
Aos amigos que me cercam.
Felicidade de verdade,
Que nem os ventos levam.

Quero muita alegria
Para meu povo cantar.
Alegria é fantasia
Que ajuda a lutar.

Quero amor e mais amor
Para dar e receber.
Amor é como a flor
Que se cuida pra crescer.

Quero ver a pureza
Nessa vida tão melada.
Pureza traz a certeza
De ser acreditada.

Quero mesmo é viver
Cada dia, cada instante.
Viver com todo prazer
Para seguir radiante.

Saudade

Entre quatro paredes,
Ao som de belas canções,
Deliro em pensamentos mil
Que me trazem você aqui.

Nesse recanto aconchegante,
Vindo aromas da cozinha,
Divago e vejo você
A completar esse quadro singular.

No quarto bem arrumado,
Com uma cama para dois,
Sonho e sinto teus braços
A me apertar, a me aquecer.

No recanto uma mesa,
Lápis e papel encontro,
Escrevo esse sentimento
Que me conforta, me faz feliz.

Separação

A tua ausência
Excita meu pensamento,
Por querer-te presente
A meu corpo excitar.

A tua presença
Todo meu corpo excita,
O pensamento se triplica
Com você a me afagar.

A tua partida
Arranca de mim um pedaço,
Que acho de novo em teus braços
Que recebem o pedaço teu.

A tua chegada
Revela fatos inéditos,
Essa ânsia que carrego,
A tristeza em cada adeus.

O nosso encontro,
Fim de toda amargura,
Nos renova para a luta,
Na espera do amanhã.

E a separação?
Deixa em nós a certeza,
Se enfrentamos a dureza,
O que será na mansidão?

Fico assim sem você

Cacá Moraes e Abdullah

Avião sem asa,
Fogueira sem brasa,
Sou eu assim sem você.
Futebol sem bola,
Piu-piu sem Frajola,
Sou eu assim sem você.

Por que é que tem que ser assim
Se o meu desejo não tem fim.
Eu te quero a todo instante nem mil alto falantes
Vão poder falar por mim.

Amor sem beijinho,
Bochecha sem Claudinho,
Sou eu assim sem você.
Circo sem palhaço,
Namoro sem amasso,
Sou eu assim sem você

Tô louca pra te ver chegar,
Tô louca pra te ter nas mãos.
Deitar no teu abraço,
Retomar o pedaço que falta no meu coração.

Eu não existo longe de você
E a solidão é o meu pior castigo.
Eu conto as horas pra poder te ver
Mas o relógio tá de mal comigo
Por quê?
Por quê?

Neném sem chupeta,
Romeu sem Julieta,
Sou eu assim sem você.
Carro sem estrada,
Queijo sem goiabada,
Sou eu assim sem você

Por que é que tem que ser assim
Se o meu desejo não tem fim.
Eu te quero a todo instante
Nem mil auto falantes vão poder
Falar por mim

Eu não existo longe de você
E a solidão é o meu pior castigo.
Eu conto as horas pra poder te ver
Mas o relógio tá de mal comigo.

Copyright: SM Publishing (Brasil) Edições Musicais Ltda

Ansiedade

Como um pássaro na gaiola,
Que sonha com o voo
Que um dia de certo dará.
Como um leão enjaulado,
Que uiva raivoso querendo
Das grades se libertar.
Como uma criança que se arrasta,
Pequenina pelo chão,
Esperando inquieta o caminhar.
Ele anseia o grande dia,
Com vontade, a pensar.

Como o pequenino pinto,
Beliscando angustiado
A casca da prisão.
Como uma lagarta,
Revirando-se satisfeita,
Para a transformação.
Como o feto,
Se estreitando ventre abaixo,
Para a iluminação.
Ela anseia a hora H,
Com fé e transpiração.

Como um homem,
Que espera pela chuva,
Para os frutos então colher.
Como uma mulher,
Que espera pelos frutos,
Para dá-los de comer.
Como os amantes,
Esperando a solidão,
Para então o amor fazer.
Eles anseiam a vida una,
Para juntos irem viver.

Fonte de emoção

Lágrimas, chuvas da emoção,
Linguagem da alma, em toda versão.

Águas salgadas, produtos da dor,
Que rolam na face deixando sabor.

Água bravia, antes represada,
Rompendo barreiras, caindo em cascata.

Águas suaves, razão da alegria,
Descendo em cacho como fantasia.

Suco do corpo, fruto do amor,
Que surge no ato com grande furor.

Líquido raivoso, surgido da ira,
Que queima a alma da imagem que mira.

Vinho amargo lembrando a partida,
O abraço apertado, a presença perdida.

Porção que acalma e também comemora,
Deixando mais leve aquele que chora.

Pingos, surgidos do medo,
Presentes nas telas, em todo enredo.

Chuva, lavando o sujo e toda vergonha,
Apagando o pavor, a solidão medonha.

Rios, sem foz, cabeceira,
Correndo pro nada, sempre em fileira.

Águas, vindo como trovão,
Pra espanto da gente, até sem razão.

Chuvas, na morte e na vida,
Na agonia do parto e em toda partida.

Suco, do fruto amigo,
Na fome, no medo e também no castigo.

Pingos, que coisa tão tola,
Até na cozinha, descascando cebola.

Rios, que na seca, isso não!
É sinal de homem forte e machão.

Lágrimas, sentimentos em canção,
Palavras da mente vindas do coração.

Desilusão

Quando partistes,
Vi-me solta no mundo,
Mas os pés aqui me prendiam.
Agora, com mais uma partida,
De vez solta fiquei.
Sem mãe, sem filhas,
Sem pai, irmãos.
Sigo por essa estrada,
Buscando o que não me vem.

As lágrimas escorrem sem jeito
Quando as lembranças me chegam.
Olho as árvores e me aleento,
Pois nelas as folhas morrem,
Mas a vida em si continua.

Oh! Deus da criação,
Senhor da mansidão,
Dai claro a escuridão,
Remexe a terra e aduba,
Para outro fruto brotar.
Solta a âncora desse navio,
E o faz navegar rumo ao infinito,
Para terras desconhecidas,
Ao encontro da paz, da alegria.
E que no porto onde ancorar
– meu destino, meu seguro –
Possa ali encontrar
O que tanto busco.

"Quando vem a madrugada, meu pensamento vagueia
Corro os dedos na viola, contemplando a lua cheia
Apesar de tudo existe uma fonte de água pura
Quem beber daquela água não terá mais amargura".

(Dança da Solidão – Paulinho da Viola)

O tudo e o nada

Agito geral
Dor infernal
Tudo queima
Nada gera

É o povo que corre
É a dança da morte
Tudo passa
Nada fica

Lágrimas em pranto
Risos em canto
Tudo triste
Nada vive

Pago pra ver
O mundo a tremer
Tudo fora
Ao findar da hora

E aquela alegria
No final do dia
Tudo calmo
Limpo e alvo

E grande agonia
Nesse mesmo dia
Dor, solidão
Nada de compaixão

E assim será
"Quem viver verá"
Tudo novo
Da galinha ao ovo

Nova esperança
Velho, criança
Nada a temer
Sorriso, cantar.

Eu sou a vela que acende
Eu sou a luz que se apaga
Eu sou a beira do abismo
Eu sou o tudo e o nada"
(Gita – Raul Seixas/Paulo Coelho)

Dores

A dor da vida
A dor dá a vida
A vida é cheia de dor
A vida vai com dor
A morte vem com dor
A morte causa dor
A dor da morte
A vida finda com dor
A morte, dor rumo à vida.

A natureza

*"Eu quero uma casa no campo
Onde eu possa compor muitos rocks rurais
Onde eu tenha somente a certeza
Dos limites do corpo e nada mais."*

(Casa no campo – Zé Rodrix)

Mar vida

Estando a contemplar o mar,
comecei a refletir sobre ele:
Como é gigante, potente!
Maravilhosa criação do Senhor.
Naquele dia achei-o semelhante à criança.
Estava manso, sereno, lindo.
As pequenas ondas que se quebravam,
formando espumas,
pareciam brincar com as pedras e areias,
alheias ao barulho da avenida.
O sol fraquinho parecia exibir-se
naquele majestoso espelho.
Os barcos boiando eram como estrelas no céu.
Pássaros sobrevoavam aquelas mansas águas,
que dançavam ao som de seus cantos.
Mas houve dia em que o vi bravio,
tomando o restinho de terra que lhe escapou dias atrás.
Suas fortes ondas pareciam homens em guerra.
Suas espumas pulavam como balas de canhão.
Estava enfurecido, querendo ocupar toda a terra.
E mais irado ficava quando suas ondas
chegavam a um certo ponto
e voltavam frustradas por não poderem continuar,
como se fossem um carro sem poder subir a ladeira.
A noite ele é um mundo à parte.

Misterioso e, por isso, atraente.
Seu barulho, acompanhado pelo vento,
nos convida a uma caminhada
e suas leves ondas, tocando os nossos pés,
é uma porta aberta para a penetração.
E a gente vai avançando, avançando,
querendo alcançar a lua, as estrelas,
que, quanto mais se anda, mais se distanciam.
Nosso corpo vai se envolvendo
naquelas doces águas salgadas
e se perde no misterioso e poderoso mar vida.

Foi assim, como ver o mar
A primeira vez que meus olhos se viram no seu olhar
Não tive a intenção de me apaixonar
Mera distração e já era momento de se gostar

(Todo Azul do Mar – Flávio Venturini/Ronaldo Bastos)

Estrela

Ao anoitecer ela surge,
Linda como sempre,
Naquele majestoso cenário
Onde ela se destaca.
Seu brilho ofusca as demais.
Seu porte as outras diminui.

Toda noite ela chega,
Poderosa, passiva,
Serena como o céu,
Bela como a mãe maior
Que às vezes lhe acompanha.

E ali está ela,
Como estão eles a olhá-la.
Seus pensamentos voam,
Enviam mensagens a ela
E ela os mira,
Lança seu forte brilho,
Que os deixa embriagados.
E se vai
Para voltar no outro dia
Graciosa e brilhante como nunca.

Contemplação

Rios que passam cortando terras,
Terras compridas a perder de vista.
Mares profundos rentes ao céu,
Céu azul salpicado de nuvens.

Jardins imensos cobertos de flores,
Flores brilhando devido ao orvalho.
Frutos maduros caindo ao chão,
Chão marcado por tantas pegadas.

Areias movidas pelo vento forte,
Vento que apaga tudo que é chama.
Sol forte pai do verão,
Verão, estação de luz e calor.

Noite sombria, silêncio no ar,
Ar de mistério, de coisa a chegar.
Lua cheia, mãe das estrelas,
Estrelas miúdas, de extrema beleza.

Ruas iluminadas por coloridas luzes,
Luzes que mostram a alegria da gente.
Gente que vive em busca do amor,
Amor, razão de nossa existência.

Magia

Noite de lua cheia,
Quanta magia no ar!
Muitos vêm contempla-la,
Pois muitos do belo gostam.
Essa bola de fogo
Que surge imensa do mar,
Que vai se elevando,
Se tornando menor,
Cobrindo-se de prata,
Exerce um poder no corpo e na alma,
Faz com que esqueçamos o que nos rodeia.
Como um ímã puxa nosso olhar,
Que às vezes se priva da linda visão,
Pois ela, tendo consciência do seu fascínio,
Esconde-se entre as nuvens,
Para surgir depois mais exuberante,
Mais encantadora
Aos olhos dos que a admiram.

*"Lua de São Jorge
Lua da alegria
Não se vê o dia
Claro como tu.
Lua de São Jorge
Serás minha guia
No Brasil de norte a sul."*

(*Lua de São Jorge* – Caetano Veloso)

Felina

Felina, menina, mulher,
A caçar lutadora,
A chorar meio à toa,
A amar quem a quer.

Gata, materna, amante,
Com as garras afiadas,
Com as tetas inchadas,
Com o passo marcante.

Bicho, espírito, criança,
Andando no teto,
Ensinando ao feto,
Repetindo a dança.

Bicho, gata, felina,
Seu bote certeiro,
Jeito aventureiro,
A presa ferina.

Espírito, menina, materna,
Vem cumprindo a sina,
Vem aprender e ensina,
Vem confiante, alerta.

Criança, amante, mulher,
Corajosa no parto,
Impassível no ato,
Brinca só quando quer.

Mulher felina,
Olha na escuridão,
No teto e no chão,
Seu encanto domina.

Gata amante,
Na dança do cio,
Caminha macio,
Pega o parceiro errante.

Bicho criança,
Gosta de carícias,
Mas sem as malícias
Da melindrosa trança.

Fruto da criação,
Vida que induz,
Pedra bruta reluz,
No caminho da evolução.

O animal e o homem

Estando na praia certo dia,
Vi um homem a passear,
Levando consigo um cão,
E fiquei a indagar:
Com que direito aquele homem
Acorrenta o animal e com ele desfila,
Como se fosse objeto em exposição?
O animal mostrava-se cansado,
Mas pensei que não pela caminhada.
Senti que ele gostaria de andar livre,
Desfrutando daquela areia fina,
Sentindo a água morna,
Deitando à sombra dos coqueiros,
Ao invés de estar ali,
Esperando a vontade do "dono",
Andando no passo que ele queria,
Indo para onde ele desejava.
Vi aquele animal
E me lembrei de tantos que já vi.
Dos pássaros presos em gaiolas,
Impedidos dos voos em bando,
Privados das majestosas árvores,
Dos rios, dos lagos.
Estão lá para que os homens
Satisfaçam seus caprichos,

Exibindo-os em coleção.
Lembrei, também, vendo
Aquele cão de olhar piedoso,
Dos animais que outrora viviam nas selvas
Tendo vastos campos para correrem
E agora estão trancados em jaulas,
Sem verde, sem rio, sem ar puro.
Estão lá para serem amostra
De animais selvagens, perigosos.
Olhando aquele cão perguntei-me:
O homem gostaria de se ver preso,
Privado de sua liberdade?

Os lugares

"Eu queria ter na vida simplesmente
Um lugar de mato verde
Pra plantar e pra colher
Ter uma casinha branca de varanda
Um quintal e uma janela
Para ver o sol nascer".

(Casinha Branca – Gilson/Joran)

Utopia

Será que existe um lugar
Com crianças naturais,
Com animais normais,
Com homens informais,
Com mulheres maternais?

Eu queria esse lugar,
Com terra original,
Com verde canavial,
Com leite natal,
Com saúde divinal.

É bom estar num lugar,
Repleto de flor,
Com um canário cantor,
Alegria sem dor
E festa sem dissabor.

Conhecendo

Saindo da minha vida
Para outras conhecer,
Deparo-me com problemas
Que não podem resolver.

São cercados da natureza,
Pois são todos abençoados.
Suas alegrias mostram tristeza,
Pois estão amargurados.

Vivem assim há muitos anos,
Desde que os fizeram nascer.
Têm muitos encantos,
Que estão fazendo morrer.

Têm o mar por todo o lado,
Cantos, poemas de montão.
E o céu todo estrelado,
Grande amor no coração.

Apesar de todo encanto,
Felicidade não pude ver,
Pois para meu espanto,
Eles dançavam para viver.

Sentindo aquele cheiro,
Ouvindo aquele triste cantar,
Notei que era pelo estrangeiro,
Que invadia aquele lugar.

De volta pra minha vida,
Retomando meu lugar,
Penso em cada outra vida,
E começo a comparar.

Posso dizer que são iguais,
Apenas com poucas mudanças,
São costumes regionais,
Quem entende estas nuanças?

Ai, ai que saudade eu tenho da Bahia,
Ai, se eu escutasse o que mamãe dizia:
Bem, não vai deixar a sua mãe aflita,
A gente faz o que o coração dita,
Mas este mundo é feito de maldade e ilusão.

(Saudade Da Bahia – Dorival Caymmi)

Paraíso

Era o mar verde e azul,
À noite o Cruzeiro do Sul
E a brisa, brisa mar.

Era o som da natureza,
E a vista uma beleza!
Sol e chuva a misturar.

As estrelas enchiam o céu,
E a lua, lua de mel,
Estava o mar a iluminar.

Era fogueira, era São João,
Tinha batida e quentão,
E quadrilha a animar.

Era noite e era dia,
No corredor da fantasia,
Vento forte a soprar.

Dos corpos e do fogão,
Para o amor e para o pão,
Sempre o fogo a queimar.

Era assim todos os dias,

Com as Três, as Três Marias,
E os passeios ao luar.

Vagas, vagam os vaga-lumes,
Tem boiada e cardumes,
E as aves a cantar.

Vem o ônibus e a feira,
Compra fruta, macaxeira,
No Conde, era o lugar.

Minha Nossa! O que é isso?
Será mesmo o paraíso,
Se não for, o que será?

É um mar e é tão grande,
Tem pedra, até tem monte,
E água a nos tocar.

Tem o céu ali defronte,
Uma janela pro horizonte,
E o vento a assoviar.

Mais tarde o sol se põe,
E as cores que ele impõe,
Grande tela a se mostrar.

A noite é outro quadro,
A meia lua do terraço,
E as folhas a balançar.

Que pena que tudo aquilo,
Dos olhos teve sumiço,
Mas na mente vai ficar.

Quando lembro aquelas horas,
De flores, de tantas rosas,
Dá vontade de voltar.

Mas a saudade é coisa sã,
E da Praia de Jacumã,
Irei sempre me lembrar.

*Como posso esquecer
Suas areias em prata
O cheiro do mar
O peixe comprado na hora
O barulho das ondas ...
Um dia vou voltar"*

(Ponta de Seixas – Cátia de França)

As pessoas

> "Um homem também chora,
> Menina, morena,
> Também deseja colo,
> Palavras amenas."
>
> (Guerreiro Menino – Gonzaguinha)

Tu

Tu és minha vida
E minha morte,
Minha alegria e tristeza,
Minha saúde, minha doença,
Meu sorriso com lágrimas.
Minha companhia de hoje,
Minha saudade de amanhã.
O certo de agora,
A incerteza de depois.
O céu de um dia,
O inferno de muitas noites.
Sou a calma em tua presença,
A tempestade na falta dela.
Sonho ao teu lado,
Sem ti nem sequer durmo.
És como a roseira,
Que me sufoca com seu perfume,
E me fere com seus espinhos.

Você é meu caminho
Meu vinho, meu vício
Desde o início estava você
(Meu Bem, Meu Mal – Caetano Veloso)

Criança

O lado bom da vida
O doce do mel
O fruto da árvore
A fogueira de São João
A árvore do Natal
O bolo da festa
A onda do mar
A água do rio
O balanço do parque
A fantasia do carnaval
O recreio da escola
O padre da missa
O jardim da casa
A tela do cinema
A música da canção
As cordas do violão
A tinta do lápis
Os olhos do homem
O amor do casal
O médico do hospital
O instinto do animal
A sabedoria dos imortais
Inocentes, puros, espontâneos.
Sejamos, pois, como estes pequeninos.

Ser humano

O ser humano é um poço
Onde o fundo não se ver
Tanto faz ser este o moço
Ou ele ao envelhecer.

Cheio de mistério parece
Uma caixa de segredo
Que o tempo vira e mexe
Sem muito desvelo.

Começando o caminho
Sente logo ao nascer
Atenção e carinho
E nada a temer.

Com pouco mais idade
E com todo o fulgor
Conhece só felicidade
Alegria e amor.

Entra na adolescência
Sente medo e solidão
Sofre abstinência
Do que vem do coração

Adiante na mocidade
Na idade da paixão
Sente muita saudade
Raiva e decepção

Já na idade adulta
E o mundo a enfrentar
Paga contas e percebe
Que pra viver tem que lutar

Na velhice fica a pensar:
Muita estrada caminhou,
Valeu a pena o pesar,
As lágrimas que chorou?

E na hora de sua morte,
Com angústia e temor,
Não sabe da sua sorte,
Roga a Deus, seu Salvador.

Esses homens

Esses seres arbitrariamente maiorais,
Vestidos de honra e poder,
Com inteligência dita única,
Com força física superior,
Mas com mente embotada pra coisas superiores.
Sexo forte por imposição dos tempos,
Ocupantes de importantes cargos,
Com liberdade ilimitada,
Com desejos não reprimidos,
Mas com encobertos sentimentos,
Por orgulhosos serem.
Esses homens que se sentem
Donos de tudo, das mulheres,
Pararam no tempo e espaço
E não percebem que atualizar-se é preciso.
Isso não quer dizer
Ser moderno em costumes e atitudes,
Mas sim abrir a mente e despi-la
De preconceitos que inda a habitam,
De conceitos e resquícios de passado,
Que teimam em reger atos e pensamentos.
Essa mudança faz-se urgente,
Pois as mulheres estão se cansando,
Não suportam tanta hipocrisia,
Não querem mais viver com gente

Que se diz forte e que, no íntimo,
É mais carente e frágil que criança.
Chega dessa diferença, competição.
A união se faz necessária.
Tem que se admitir as fraquezas e
Carências que todos nós temos,
E nos completarmos,
Pois todos precisam de todos.
Nós somos compostos por fogo
Que precisa de água para apaga-lo.
Por água que precisa de sol para seca-lo.
Por sol que precisa de nuvem para aplaca-lo.
Por nuvem que precisa de chuva para descarrega-la.
Por chuva que precisa da terra para nela cair.
Por terra que precisa de gente para cuida-la.
E gente precisa de outra gente para ama-la.

Mainha

No momento em que me encontro
Na mais plena felicidade,
E no embalo desta data,
Expresso meus profundos sentimentos.
Em plena consciência
Confesso que és grande.

Agradeço por teres me dado a luz,
Por teres sido o caminho da minha volta,
Pela qual tive uma nova chance,
Oportunidade de evolução.
E através de tuas falas e exemplos
Fui, sou e serei sempre capaz
De lutar, agir e sentir com sabedoria,
De enfrentar a vida,
De amar, respeitar a natureza
E cumprir meu papel no universo.

Na distância que nos separa,
Consigo te entender.
Lembro de muitas palavras tuas,
E reconheço que partiram
De uma boca sábia, de quem

Viveu e sofreu bastante,
Mas continua firme na luta
Aprendendo, ensinando, vivendo.

Eu não sabia que doía tanto
Uma mesa num canto
Uma casa e um jardim"
(Naquela Mesa – Sérgio Bittencourt)

Amor em "R"

Raquel e Renato,
Raro encontro de letras.
Romperam a incerteza,
Reúnem-se em comunhão.

Renato e Raquel,
Raízes de grande fibra.
Riscaram o mapa da vida,
Reinando com o amor.

Raquel e Renato,
Rios de água perene.
Remaram sem ar solene,
Rumo à imensidão do mar.

Renato, Raquel...
Realidade que se vislumbra.
Rasgaram toda penumbra,
Ruindo todos os receios.

Raquel e Renato,
Ruas sem poças ou lamas.
Reuniram brasas e chamas,
Recusando a solidão.

Renato e Raquel,
Ricos de amor, alegria.
Revivem sem fantasia,
Rituais de matrimônio.

Raquel ou Renato,
Rebento que um dia virá
Rimar com este par,
Relendo a história ida.

Renato e Raquel,
Recebam da vossa irmã,
Rumando de uma fã,
Rosas, risos, rojões.

Luz da vida

A luz da vida toca a luz
Depois de longa espera.
Pontos de vida que reluz,
Vivendo a grande quimera.

No seio de mulher se abrigou
Frutos da vida a nascer.
E o seu corpo se inundou,
Fonte da vida a florescer.

A luz da morte na terra a pousar,
De repente, sem compaixão.
Duas vidas a repousar,
Deixando triste rastro no chão.

E os dois anjos da criação,
Que tão pouco aqui ficaram,
Deixaram todos sem ação
E as dores que lhes marcaram.

Mas entenderam que a luz
Que iluminou seus caminhos
É a mesma que lhes conduz
Tirando da flor os espinhos.

*"O meu coração ateu quase acreditou
Na sua mão que não passou de um leve adeus
Breve pássaro pousado em minha mão
Bateu asas e voou."*

(Coração Ateu – Sueli Costa)

Ave mãe

Conheci uma ave
Que muito me amou.
Convivi com uma ave
Que a muitos encantou.

Ave de muitos voos,
Voos com pés no chão.
Pássaro de lindos cantos,
Cantos com um só refrão.

Vi certo dia esse pássaro
Com asa quebrada a chorar.
Vi no mesmo dia esse pássaro
Com as mesmas asas me afagar.

Asas que abrigavam,
Mesmo com muita dor.
Asas que protegiam,
Do inverno e do calor.

De atos e conselho,
Com seu jeito peculiar.
Foi sempre meu espelho,
Exemplo para se mirar.

Assim era essa mulher,
Ave a se debater,
Como assim a vida quer,
Querendo o tempo reter.

Um dia eu disse adeus
Para outro voo alçar.
Lágrimas nos olhos meus,
Mas era vida a começar.

E estações se passaram,
Com ventos e tempestades.
Outras aves me encantaram,
Ouvi mentiras e verdades.

O dia da ave chegou,
De repente, sem avisar.
Para o outro lado migrou,
Com outro bando a voar.

O voo que não queria
E ao mesmo tempo desejava.
Por medo do que não via,
A paz que ansiava.

Migração? Pergunta sempre.
Por que continuar assim,
O sofrer de tanta gente,
A morte não é o fim?

Depois, já em outra paragem,
Voltou para nos contar
Que a morte é a viagem
Para um novo começar.

Que assim é a migração
Das almas por esse mundo
De dor e aflição
De beleza e amor profundo.

Dela sinto saudade,
Sua imagem me conduz.
O que desejo de verdade
É sentir a sua luz.

Quando chegar a minha hora,
O tempo do meu migrar.
Quero ver a ave senhora
No seu colo me abrigar.

O trabalho/As lutas

> "Sim, todo amor é sagrado
> E o fruto do trabalho
> É mais que sagrado, meu amor.
> A massa que faz o pão
> Vale a luz do seu suor."
>
> (Amor de Índio – Beto Guedes/Ronaldo Bastos)

Caminho

Vai viola seguir teu rumo,
Teu destino é sempre tocar.
Não fuja da tua sorte,
Há estrada a esperar.

Segue viola cantando,
Pois o canto ajuda a viver.
Se o canto é sonoro, fulgente,
Pode muito bem fazer.

Avante, viola querida,
Há tanto piso, muito chão.
Toca em campos distantes,
Segue firme, com precisão.

Vai, solta a canção no ar,
As flores te inspirarão.
O verde será o teu guia,
Das aves virá o refrão.

Vai sertaneja viola,
Há tanta gente a esperar.
Não fique parada pensando,
Se a muitos podes ajudar.

Você pode alegrar muitos rostos,
Fazer criança sorrir.
Afastar pranto das faces,
Brotar sonhos em quem te ouvir.

Vai viola e toca,
Pois o canto é bom pra você.
Se não tocas tudo escurece,
Se o fazes vem o viver.

Canta viola sofrida,
E espantas tudo que é vão.
Com o teu canto ganhas amigo,
E amigo é uma canção.

"Veja!
Não diga que a canção
Está perdida
Tenha fé em Deus
Tenha fé na vida
Tente outra vez!"

(Tente Outra Vez – Paulo Coelho / Marcelo Motta / Raul Seixas)

A dança da fome

E foram sete para a guerra,
Durante mais de sete dias,
A lutar sem fardas, espadas,
Contra os direitos negados.
Era fome contra a fome.

O ronco dos seus corpos
Chegou aos seus companheiros,
Não como o chorar da cuíca,
Mas como o toque de corneta,
Acordando-os para a luta.

A dança daqueles sete
Invadiu a comunidade,
Contagiou todos os setores,
E houve dança nos salões,
Palácios e taperas

Todos entraram na dança,
Mesmo quem do ritmo não gostava,
Deixando-se levar comovidos,
Solidários ou revoltados,
Engrossando o cordão.

E um dia o rei caiu na dança,
Mesmo fora do ritmo,
Dançou e regeu o final,
Pondo fim à sinfonia.
A fome vencera a fome.

Assim foi que no nono dia,
A dança da fome findou.
Os corpos dos sete se calaram,
Com a fome sendo saciada.
A batalha foi enfim ganha.

Luta

A vitória virá
Quando menos se esperar.
Os agora vitoriosos
Verão a derrota amanhã.
Os que hoje choram
Cantarão suas alegrias.
Quem sabe esperar vence.
A espera ativa, confiante,
Igual a da mulher, ao esperar seu filho,
Que prepara o que precisa,
Arruma o quarto, as roupas,
E, principalmente, o corpo,
A se modificar, remodelando-se,
Para a nova realidade,
E se move para a luz dar,
Chorando, doendo, sofrendo,
E rir, e canta, e ama.
E enfim a espera acaba
E o fruto é a vitória
Da luta, do movimento, do amor.

Apesar de você

Chico Buarque

Hoje você é quem manda
Falou, tá falado
Não tem discussão
A minha gente hoje anda
Falando de lado
E olhando pro chão, viu
Você que inventou esse estado
E inventou de inventar
Toda a escuridão
Você que inventou o pecado
Esqueceu-se de inventar
O perdão

Apesar de você
Amanhã há de ser
Outro dia
Eu pergunto a você
Onde vai se esconder
Da enorme euforia
Como vai proibir
Quando o galo insistir
Em cantar
Água nova brotando
E a gente se amando
Sem parar

Quando chegar o momento
Esse meu sofrimento
Vou cobrar com juros, juro
Todo esse amor reprimido
Esse grito contido
Este samba no escuro
Você que inventou a tristeza
Ora, tenha a fineza
De desinventar
Você vai pagar e é dobrado
Cada lágrima rolada
Nesse meu penar

Apesar de você
Amanhã há de ser
Outro dia

Inda pago pra ver
O jardim florescer
Qual você não queria
Você vai se amargar
Vendo o dia raiar
Sem lhe pedir licença
E eu vou morrer de rir
Que esse dia há de vir
Antes do que você pensa

Apesar de você
Amanhã há de ser
Outro dia
Você vai ter que ver
A manhã renascer
E esbanjar poesia
Como vai se explicar
Vendo o céu clarear
De repente, impunemente
Como vai abafar
Nosso coro a cantar
Na sua frente

Apesar de você
Amanhã há de ser
Outro dia
Você vai se dar mal
Etc. e tal

Copyright: Marola Edições Musicais Ltda

Vitória

Vive gaivota e luta
Pelo voo que deseja.
Abana as asas agora
E canta o que enseja.

Canta a tua vida
Que um dia contarão.
Não conhecida por hora,
Depois muitos saberão.

Teu dia é chegado.
Para quem tanto esperou,
Tudo lhe era negado,
O dia D hoje chegou.

Mas não te acomodes,
Pois nem tudo se finda.
A vitória foi o começo,
Tem muita luta ainda.

Difícil jornada

E a montanha foi escalada
Após tantos anos de luta,
De desafio, de abandono,
De incertezas e decisões.

Durante todo o percurso
Enfrentou vários obstáculos:
A frieza, burocracia,
Indiferença, ambição.

O afastamento foi necessário,
Por isso tantos ocorreram.
Do caminho se afastou
Pensando não retomar.

E lutou, debateu-se,
Desistiu, insistiu,
E se viu a retornar,
Guiada por mãos divinas.

Amigos, irmãos,
Amores, razão.
E a jornada prosseguiu,
Agora bem definida.

Muito chorou, muito sorriu,
Tanto cantou e sofreu.
E os dias se passando,
E o final a vislumbrar.

Vivenciou decepção,
Amargura, ingratidão.
Mas o dia enfim chegou,
Vencendo o árduo caminho.

Sem festas, rojões.
Só alegria e esperança.
Esperança de muito fazer,
Ânsia de trabalhar.

Ambição de contribuir,
Desejo de ajudar
No ofício que escolheu
Para a vida, profissão.

E caminho novo inicia.
E portas serão abertas.
Tendo muito a agradecer:
A todos, a tudo, a DEUS.

Saúde da família em canto

Queremos agora falar
Pra todos que aqui estão,
Com muito orgulho e paixão
E força nesse cantar.

De algo tão lindo e ímpar,
Que um dia alguém se espelhou
Na Ilha de Cuba e mudou
O jeito da saúde cuidar.

É o "Saúde da Família",
Agora o modelo aprovado,
Caiu, como diz o ditado,
Como luva, onde pouco se tinha.

Atende a todos com muito amor,
Com hora marcada, sem correria.
Formando grupos, levando alegria,
Sem distinguir gosto ou louvor.

Atende a todos sem diferença,
O pai, o filho, a tia e avó.
Olhando a água, o lixo e o pó,
E tudo que causa doença.

Tem ações curativas pro doente de agora.
Promove a saúde, a doença evita.
E aos que o mal debilita,
A recuperação se faz sem demora.

Resgata a honra, a dignidade,
A auto-estima, o ser cidadão.
Ajuda a pensar, na compreensão,
A lutar pela vida, viver de verdade.

É o "Saúde da Família",
Agora o modelo aprovado,
Caiu, como diz o ditado,
Como luva, onde pouco se tinha.

MÚSICA: ABDENÉ FRANCISCO DA SILVA

A espiritualidade

"Pra quem te traz no peito
O mundo é mais florido
A vida aqui na terra
Tem um outro sentido."

(Fé – Roberto Carlos/Erasmo Carlos)

Já é sexta-feira
E Você na cruz está
Sofrendo e perdoando
Uma tristeza invade os corações
Só dor e lágrimas são sentidas

Começa o domingo
Ressuscitas para a vida eterna
Imensa alegria para todos
Salve o Senhor
Todos agora acreditam
O Vosso Reino venha a nós

"Um certo dia um homem esteve aqui
Tinha o olhar mais belo que já existiu
Tinha no cantar uma oração.
E no falar a mais linda canção que já se ouviu.
Sua voz falava só de amor
Todo gesto seu era de amor e paz
Ele trazia no coração."

(O Homem – Roberto e Erasmo Carlos)

O consolador

Numa existência terrena,
Vivemos momentos de dor e de alegria.
Sem entendermos suas razões,
Nos regozijamos ou blasfemamos.

Sem sabermos os motivos
Da riqueza e da pobreza,
Invejamos os abastados
E lamentamos os miseráveis.

Na ignorância da verdade
Não compreendemos as catástrofes,
Repudiamos as guerras,
Penalizados com as vítimas.

Pensando apenas em uma vida,
Praguejamos contra a morte,
Principalmente dos infantes,
Inconformados com a perda.

Se lêssemos os sábios livros,
Se tentássemos entender os escritos,
Se acreditássemos nas várias existências,
Nas múltiplas moradas de Nosso Pai.

Se não fossemos tão egoístas,
Se não provocássemos tanto o mal,
Se não procurássemos o supérfluo,
Se não nos preocupássemos com o banal.

Talvez o mundo melhor fosse.
Muitas dores seriam evitadas.
A paz e o amor imperariam.
Todos seriam vistos como iguais.

Mas antes é preciso crer
Na reencarnação, na lei do carma.
Ver o outro como irmão.
Respeitar a natureza.

E aqueles "condenados",
Os cegos, desconsolados.
Verão a luz, a salvação.
Entenderão as leis universais.

Os que esperam o Redentor,
Os que anseiam a volta do Cristo.
Saberão que já O encontraram,
Que Ele está no meio de nós.

O espiritismo é a Grande Verdade.
Nosso real Consolador,
Que nos dá a fé raciocinada,
Sem dogmas, mitos ou rituais.

É religião, filosofia e caridade,
Pois sem ela não há salvação.
É amor, canto e poesia,
A ser recitada no dia a dia.

Simplesmente é,
Natural, espiritualmente.
E no futuro não tão distante
Todos se unirão nessa corrente.

E a Terra outra será,
Sem discórdia ou maldade.
A caminho da evolução
Que nos levará mais próximo a Deus.

Anjos

Beto Melo (Grupo Acorde)

Qual de nós não tem nenhum defeito?
Qual de nós não tem uma virtude?
Precisamos só achar o jeito
De suavizar o lado rude
Vamos ajudar-nos mutuamente
E somar as nossas qualidades
Pra fazer um mundo diferente
E tirar a força da maldade

Um dia todos nós seremos anjos
Vamos trabalhar
E acreditar
Que no futuro nós seremos anjos
Num planeta onde o amor,
Unicamente o amor
Há de reinar
E assim será

A felicidade só começa
Quando cessam as desigualdades
Quando todos compartilham sonhos
E não usam mal a liberdade
O Mestre falou: Sede perfeitos
E nos ensinou esta lição
Que somente o amor será eterno
Nele está a nossa salvação

Anjo da guarda

Força, energia
A nos acompanhar.
Anjo que guia,
Anima e conduz.

Ser invisível
À maioria dos olhos terrenos.
Nas horas mais precisas
A nos confortar.

Alma iluminada,
Sabe do nosso destino.
Amigo, pai, irmão,
Pode ser o guardião.

Criança, homem, senhora,
Um amigo te segue.
Criança, menina,
Um amigo te acalma.

Um amigo te olha,
Por dentro, por fora.
Deus te ilumina,
Criança, menina.

Razões

O saber da vida
Na hora sofrida
Tudo tem sua razão
Tem explicação

Pois na hora do parto
No fechar do quarto
Há dor e prazer
Morte e viver

Nos menores fatos
No comer, nos pratos
Tem resposta pronta
Tudo, tudo conta

Pois não há o acaso
Sucesso e fracasso
Tristeza ou alegria
Nada é à revelia

E se alguém pensa
Que a sorte é crença
E o errado é azar
Seria melhor rezar

Pois tudo que nos ocorre
Pode ter sido escolhido
Para auxílio ou provação
Antes da encarnação

E depois na vida
Durante a dura lida
Recuamos ante a luta
Esquecendo-se do acordo

Pois nem tudo é riso
E estar aqui é preciso
Não pra luxo ou distração
Mas para a evolução

"Por isto meu amigo
Cada vez mais forte é a minha fé e a minha crença
Em toda parte encontro seu olhar, sua presença
E elevo o pensamento em oração."

(Estou Aqui – Roberto e Erasmo Carlos)

Miscelâneas da vida

*"O tempo não para no porto
Não apita na curva
Não espera ninguém."*

(O Tempo – Reginaldo Bessa)

Se eu tocasse violão

Ah! Se eu soubesse tocar violão
Seria como eu tivesse asas
Voaria alto em canções
Cantaria o tempo inteiro
Nem comeria direito
Só tocando violão

Ah! Se eu soubesse tocar violão
Não veria o tempo passar
O mundo poderia acabar
O povo poderia falar
Gente poderia brigar
E eu a dedilhar

Se eu soubesse tocar violão
Prestaria atenção em nada
Nem sequer dormiria
Mas belos sonhos teria
Com rimas, cantos e canções
Com samba, forró e baião

Roberto, Chico, Elton
Elis, Betânia, Vinícius
Todos em minhas mãos
E eu a tocar violão

*"E eu corri pra o violão num lamento
E a manhã nasceu azul
Como é bom poder tocar um instrumento"*

(Tigresa – Caetano Veloso)

Perseguidora

Por que nos acompanha
Como sombra circular?
Por que corres como louca
Quando deverias parar?
Por que teimas em nos seguir
E não cansas de trabalhar?
Por que chamas para a luta
Se queremos descansar?
Por que estás sempre presente
Como soldado a marchar?
Por que não nos abandona
Para sozinhos nos deixar?
Por que continuas viva
Se queremos te matar?
Por que tocas incessante
Nos levando à separar?
Por que passas tão morosa
Quando queremos te apressar?
Por que te apressas sempre
Quando queremos te parar?
Por que não nos deixa livres
Como pássaros a voar?
Por que não nos esquece de vez
Para os astros nos guiar?
Por que não te perdes no tempo
E nos deixa a vagar?

Tendo tempo para tudo
E sem tempo pra tudo ter.
Não te necessitando pra nada,
Sem nada a programar.
Tudo simples e natural
Como o é quem nos alimenta:
O amor, que chega sem avisar.

Relógio

Roberto Cantoral
Versão: Nely B. Pinto

Porque não paras relógio
Não me faças padecer
Ela irá para sempre
Breve o sol vai nascer

Não vê, só tenho esta noite
Para viver nosso amor
Teu badalar me recorda
Que sentirei tanta dor

Detém as horas relógio
Pois minha vida se apaga
Ela é a luz que ilumina meu ser
Eu sem seu amor não sou nada

Detém o tempo eu te peço
Faz esta noite perpétua
Prá que meu bem não se afaste de mim
Para que nunca amanheça

Copyright: Peermusic do Brasil Edições Musicais Ltda

Felicidade te desejo
E tudo mais que tu queiras
Luta pelo que acreditas
Indo seguro no teu caminho
Zela pelos teus sentimentos

Ajuda aos que te rodeia
Ninguém vive sem alguém
Isto é mais que verdadeiro
Vida deve ser bem vivida
Em paz conosco e a humanidade
Risca o mal do coração
Sem ele tudo é melhor
Ama sem medo
Rega a planta da amizade
Inala o odor que dela vem
Ouve o som da natureza

Magia do retrato

O passado no presente
O presente no futuro
Um momento fixado
Na magia do retrato

Imagens que viajam
Para o mundo mostrar
A vida num quadrado
Na magia do retrato

O colosso da Terra
O mistério do mar
Quase tudo revelado
Na magia do retrato

O perfil do corpo
O reflexo da alma
Tudo isso emoldurado
Na magia do retrato

No passado em branco e preto
No presente colorido
No futuro requintado
A magia do retrato

Na Academia de Poesia
A forma de homenagear
O célebre associado é
Na magia do retrato

E hoje da nossa Zilma
Toda poesia e cor
Serão aqui mostrados
Na magia do retrato

E para fixar o evento
Para lembrar cada detalhe
Está tudo sendo registrado
Na magia do retrato

O melhor

Melhor que vencer é lutar
Melhor que encontrar é a procura
Melhor que chegar é estar a caminho
Melhor que saber é o aprendizado

Melhor que viver é sentir a vida
Melhor que ser amado é amar
Melhor que rir é ver alguém sorrindo
Melhor que chorar é um pranto secar

Lutar à procura do caminho do saber
Sentir a vida é amar, sorrir, chorar
Vencer é encontrar e saber aonde chegar
Viver é se perder sabendo aonde ir

*"Se avexe não
Toda caminhada começa
No primeiro passo
A natureza não tem pressa
Segue seu compasso
Inexoravelmente chega lá."*

(A Natureza das Coisas – Accioly Neto)